BEI GRIN MACHT SICH IHR
WISSEN BEZAHLT

- Wir veröffentlichen Ihre Hausarbeit,
  Bachelor- und Masterarbeit

- Ihr eigenes eBook und Buch -
  weltweit in allen wichtigen Shops

- Verdienen Sie an jedem Verkauf

Jetzt bei www.GRIN.com hochladen
und kostenlos publizieren

Bibliografische Information der Deutschen Nationalbibliothek:

Die Deutsche Bibliothek verzeichnet diese Publikation in der Deutschen National-
bibliografie; detaillierte bibliografische Daten sind im Internet über http://dnb.d-
nb.de/ abrufbar.

Impressum:

Copyright © 2016 GRIN Verlag, Open Publishing GmbH
Druck und Bindung: Books on Demand GmbH, Norderstedt Germany
ISBN: 9783668382800

Dieses Buch bei GRIN:

http://www.grin.com/de/e-book/351590/erklaerung-des-pagerank-algorithmus-von-
google-ohne-mathematische-vorkenntnisse

Georg Sitter

Erklärung des PageRank-Algorithmus von Google ohne mathematische Vorkenntnisse

GRIN Verlag

GRIN - Your knowledge has value

Der GRIN Verlag publiziert seit 1998 wissenschaftliche Arbeiten von Studenten, Hochschullehrern und anderen Akademikern als eBook und gedrucktes Buch. Die Verlagswebsite www.grin.com ist die ideale Plattform zur Veröffentlichung von Hausarbeiten, Abschlussarbeiten, wissenschaftlichen Aufsätzen, Dissertationen und Fachbüchern.

Besuchen Sie uns im Internet:

http://www.grin.com/

http://www.facebook.com/grincom

http://www.twitter.com/grin_com

Erklärung von Google's PageRank ohne entsprechenden mathematischen Vorkenntnissen

Georg Sitter

Pädagogische Hochschule Kärnten

Die Verwendung der Suchmaschine Google ist seit ihrer Veröffentlichung in den späten 1990er Jahren für einen Großteil der Internet-User Standard. Jede Art der Suche liefert die für den Benutzer relevanten Ergebnisse an den obersten Plätzen. Obwohl die mittlerweile zur Kulturtechnik („googeln") avancierte Verwendung dieser Suchmaschine von Kindheitsalter an angewendet wird, ist eine tiefergehende Auseinandersetzung im Unterricht nach wie vor nicht Standard.

Spätestens seit dem großen Erfolg der Suchmaschine Google haben sich unzählige Artikel damit beschäftigt, wie der Suchalgorithmus von Google funktioniert. Um wissenschaftlich exakt zu bleiben, wird es dabei aber mathematisch sehr schnell kompliziert. Für die Beschreibung des Page-Rank-Algorithmus ist es notwendig, sich mit mehrstufigen Prozessen (Markov-Ketten), linearer Algebra (Übergangsmatrizen) und Analysis (Grenzwerte), auszukennen. In den dabei hergeleiteten Formeln wird dann (mathematisch exakt) das abstrakte mathematische Modell abgebildet. Genau diese Abstraktheit ist jedoch für Schüler der Sekundarstufe 1, und in der Regel auch für Schüler der Sekundarstufe 2, nicht fassbar.

Es wird hier darum versucht, die Funktionsweise der Suchmaschine Google mit möglichst wenig Mathematik, dafür aber mit einem gewissen Maß an Intuition, zu erklären. Trotzdem wird versucht, ein möglichst korrektes Modell des PageRank-Algorithmus zu beschreiben.

1   Einleitung - Die grundlegende Frage

Es gibt mittlerweile etliche Milliarden Webseiten. Dabei ist bemerkenswert, in welch kurzer Zeit Google Resultate für jede Art der Abfrage liefert. Noch bemerkenswerter ist es, dass zumeist auch noch auf den ersten 3 Plätzen jene Ergebnisse gelistet sind, die für den jeweiligen Suchenden am Relevantesten sind.

Welches Ergebnis wird ausgegeben, wenn auf Google nach „Michael Jackson" gesucht wird [5]?
→ Als Resultat werden unzählige Webseiten, die sich mit dem Popstar Michael Jackson beschäftigen, angezeigt.
Solange über dieses Ergebnis nicht genauer nachgedacht wird, ist das Resultat sehr naheliegend. Allerdings ist zu bedenken, dass rund 170.000 „Jacksons" im Telefonbuch der USA existieren, davon 3500 „Michael Jacksons", wovon wiederum 55 auf den Gelben Seiten gelistet sind, also ein Unternehmen mit Webseite betreiben (Architekt, Anwalt, Ingenieur,...) [4]. Warum werden aber nicht diese Webseiten, sondern die Webseiten des Popstars auf den ersten Rängen angezeigt? Insgesamt gesehen ist das Ergebnis sicherlich passend, da die allermeisten Suchenden genau die Seiten des Popstars finden wollen. Aber warum weiß das Google zumeist so genau?

Es gibt bereits etliche Veröffentlichungen, die sich damit auseinandersetzen, wie Google bzw. Suchmaschinen im Hintergrund funktionieren. Hierbei sei beispielsweise auf [3], [BO], [7], [8] verwiesen. Der Unterschied zu den bereits veröffentlichten fachdidaktischen Arbeiten besteht vor allem darin, dass in dieser Arbeit versucht wird, bei fehlenden mathematischen Grundlagen, hier sei vor allem die Sekundarstufe 1 angesprochen, trotzdem ein fachwissenschaftlich korrektes Modell zu beschreiben.

2   Modellbildung im Unterricht

Die zugrundeliegende Idee der Google-Gründer liegt in der Bibliographie [2]. Hier wird die Wichtigkeit eines wissenschaftlichen Artikels daran gemessen, wie oft dieser Artikel in anderen Artikeln zitiert wird.
Das Internet ist ähnlich aufgebaut, wie Artikel und deren Zitate in der Bibliographie. Es besteht aus Seiten, die miteinander verbunden sind, sogenannten Links. Ein Link kann also adäquat zum Zitat als Empfehlung verstanden werden.
Eine erste Idee wäre es, analog zur Bibliographie, die Anzahl der eingehenden Links („Backlinks") zu einer Webseite zu zählen. Eine Webseite mit einer besonders hohen (eingehenden) Linkanzahl wäre demnach sehr wichtig. Diese Methode wurde in der Realität auch vielfach angewendet. Mit sogenannten Linkfarmen wurden viele ausgehende Links erzeugt, welche auf bestimmte Webseiten verwiesen, die dann besonders wichtig werden sollten. Diese Methode darf jedoch nicht funktionieren, da ansonsten Seiten mit zweifelhafter Wichtigkeit sehr leicht wichtig gemacht werden könnten.

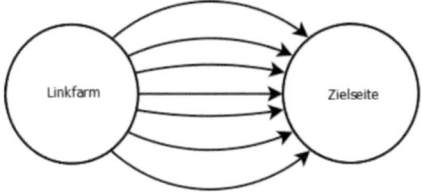

Abbildung 1: Linkfarm - die Zielseite soll durch viele eingehende Links möglichst wichtig gemacht werden

Eine Lösung dieses Problems kann so sein, dass jede Seite eine Wichtigkeit hat und ihr Gewicht bei einem Verweis weitergibt. Die Linkfarm würde also ihr (vermutlich) geringes Gewicht durch die hohe Anzahl der ausgehenden Links in unzählige noch geringere Gewichte aufteilen, womit die Zielseiten keinen Gewinn in der Gewichtung mehr hätten.

Der Ansatz lautet also folgend: „Eine Seite ist dann wichtig, wenn viele wichtige Seiten auf sie verweisen" [6].

Um diesen Ansatz nun zu veranschaulichen, wird ein Beispiel eines Mini-Internets, bestehend aus vier Seiten, aus [3], siehe Abbildung 2, herangezogen.

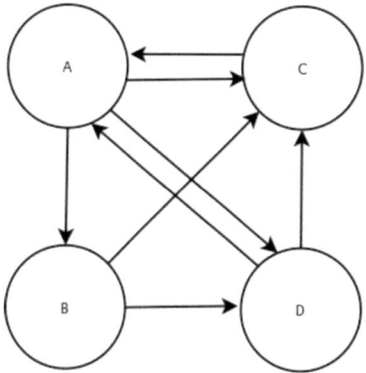

Abbildung 2: Mini-Internet bestehend aus 4 Seiten

Mit der ersten Idee, also einfach die Anzahl der eingehenden Links zu zählen, wäre die resultierende Reihenfolge C vor A und D vor B, also C – (A – D) – B.

Um den Ansatz aus [6] korrekt durchzuführen, ist es notwendig auszuführen, das eine Seite mit einem ausgehenden Link ihr gesamtes Gewicht der anderen Seite überträgt. Hat eine Seite zwei ausgehende Links, so wird das Gewicht jeweils zur Hälfte an die Zielseiten übertragen, usw. . Eine Webseite mit ausgehenden Links gibt also ihre gesamte Wichtigkeit jeweils in gleichen Teilen an jene Seiten weiter, auf die sie verweist. In [6] wird auch noch festgelegt, dass mögliche Selbstverweise einer Seite auf sich selbst nicht in die Berechnung miteinbezogen werden. Dies würde bedeuten, dass sich eine Seite selbst wichtiger machen kann.

Es soll nun ein entsprechendes Modell entwickelt werden, um mathematisch korrekt vorzugehen. Das Internet ist ein gerichteter Graph, wobei die Seiten den Knoten und die Links den gerichteten Kanten entsprechen. Es gibt n Seiten G_v, wobei $v=1,...,n$. Für jede Seite soll nun ein Wichtigkeitswert (PageRank) berechnet werden, $PR(u)$, $u=1,...,n$. Der PageRank ist ein numerischer Wert, wenn nun $PR(i)>PR(j)$, dann ist die Seite G_i wichtiger als die Seite G_j. G_v^+ ist die Anzahl der ausgehenden Links von der Webseite G_v, B_v die Menge der Seiten, die auf die Seite G_u verweisen. Die Bezeichnung „PageRank" wurde ursprünglich bereits durch Sergey Brin und Larry Page [2] eingeführt.

Es ergibt sich folgendes Modell:

$$PR(u) = \sum_{G_v \in B_v} \frac{PR(v)}{G_v^+} \qquad \text{Formel 2.1}$$

Verständlicher kann erklärt werden:
Eine Seite G_u hat eingehende Links aus der Menge B_v. Über diese eingehenden Links erhält die Seite G_u Gewichte. Jede Seite aus der Menge B_v gibt einen bestimmten Anteil des eigenen Gewichts an die Seite G_u weiter. Dieser Anteil errechnet sich aus dem Gewicht der Seite G_v durch die Anzahl der von der Seite G_v ausgehenden Links. Der PageRank einer Seite G_u ergibt sich dann aus der Summe der Gewichte der eingehenden Links. Die Werte der einzelnen PageRanks sind numerische Werte, damit kann eine Reihenfolge der Wichtigkeit der Webseiten erstellt werden.

Wie kann nun aber genau dieses mathematische Modell in der Sekundarstufe 1 erklärt werden, wenn die entsprechenden mathematischen Vorkenntnisse nicht vorhanden sind?

2.1 Ergebnisveranschaulichung mittels Zahlenstrahl

Basis für die Ergebnisveranschaulichung ist das Beispiel aus Abbildung 2. Jede der vier Seiten beginnt mit einer Wichtigkeit (PageRank) von 1. Für das Beispiel werden 4 Streifen mit jeweils 12 cm Länge benötigt, siehe Abbildung 3. Ein ganzer Streifen hat also den PageRank von 1.

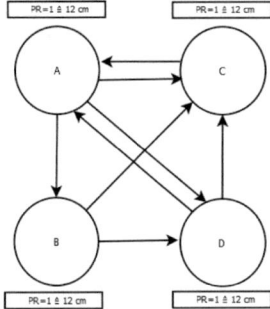

Abbildung 3: Veranschaulichung mittels Zahlenstrahlen

Schritt 1: Den einfachsten Beginn gibt es mit der Seite B. Diese hat einen eingehenden Link der Seite A, wobei die Seite A insgesamt 3 ausgehende Links besitzt. Der Zahlenstrahl von Seite A muss also gedrittelt werden und Seite B bekommt von Seite A ein Drittel dessen Gewichts (4cm). Auch die Seiten C und D erhalten jeweils ein Drittel des Gewichts von A. Dies ist in Abbildung 4 dargestellt.

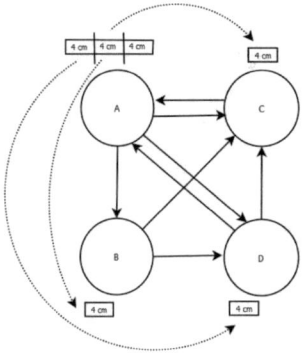

Abbildung 4: Veranschaulichung Schritt 1

Schritt 2: Analog dazu kann man jetzt für alle Seiten die ausgehenden Links zählen und die zugehörenden Zahlenstrahlen entsprechend zerschneiden.
Seite B: 2 ausgehende Links, das Gewicht wird jeweils zur Hälfte weitergegeben (6cm).
Seite C: Ein ausgehender Link, somit wird das gesamte Gewicht an Seite A abgegeben (12cm).
Seite D: 2 ausgehende Links, das Gewicht wird jeweils zur Hälfte weitergegeben (6cm).

Schritt 3: Nun werden die Gewichte auf die einzelnen Seiten verteilt.
-   Die Seite A erhält insgesamt 18 cm (entspricht einem Gewicht von 1,5).
-   Seite B erhält 4 cm (Gewicht von 0,$\overline{3}$).
-   Seite C erhält 16 cm (Gewicht von 1,$\overline{3}$).
-   Seite D erhält 10 cm (Gewicht von 0,8$\overline{3}$).

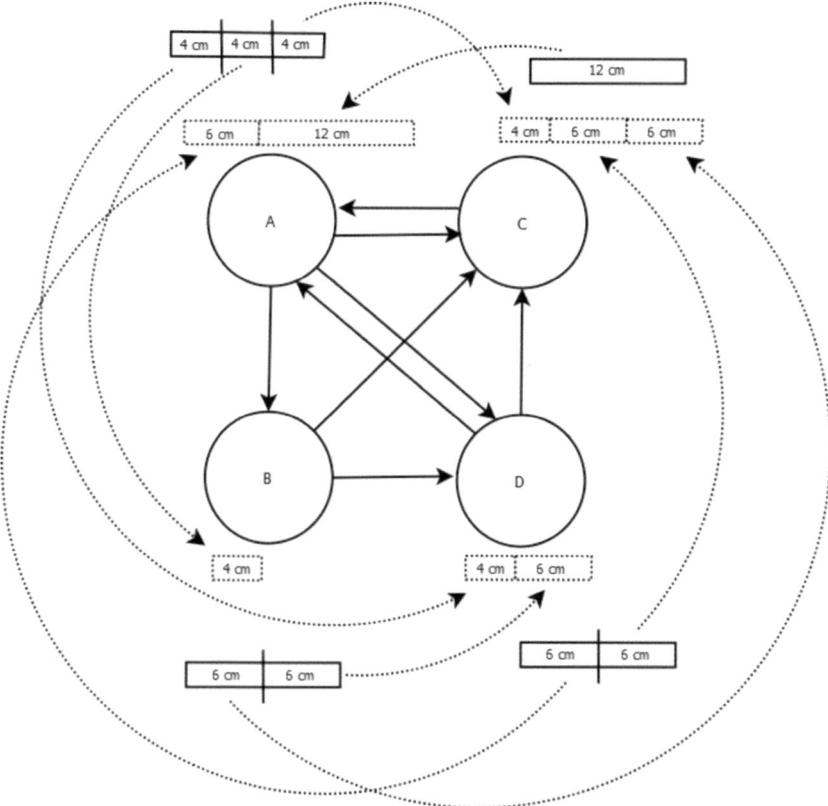

Abbildung 5: Verteilung der Gewichte nach Schritt 3 – die resultierenden Gewichte sind punktiert dargestellt

In Abbildung 5 ist die Verteilung der Gewichte nach Schritt 3 abgebildet. Die ursprünglichen Gewichte sind fest umrahmt. Die punktierten Pfeile zeigen an, wie die Teilgewichte der einzelnen Seiten auf die Zielseiten verteilt werden. Die Zahlenstrahlen der resultierenden Gewichte sind punktiert dargestellt. Somit ergibt sich somit die Wichtigkeitsreihenfolge von A – C – D – B.

2.2 Verfeinerung des Ergebnisses mittels Tabellenkalkulation

Die Vorgehensweise im Unterkapitel 2.1 ist ein iterativer Prozess, das endgültige Ergebnis steht erst nach einigen Iterationen (innerhalb einer bestimmten Schranke) fest. Aufgrund der Teilungen und der daraus resultierenden Kommazahlen sind weitere Iterationen unter Zuhilfenahme der Veranschaulichung mittels Zahlenstrahl zunehmend schwierig, es bietet sich der Einsatz eines Tabellenkalkulationsprogrammes an.

Schritt 1: Alle Seiten beginnen mit dem PageRank von 1.

Schritt 2:
- Die Seite A erhält das halbe Gewicht der Seite D (zwei ausgehende Links) und das gesamte Gewicht der Seite C (ein ausgehender Link).

$$A_{n+1} = 1\ C_n + \frac{1}{2}\ D_n$$

Analog dazu kann man nun die Gleichungen für die anderen Seiten aufstellen.
- $B_{n+1} = \frac{1}{3}\ A_n$
- $C_{n+1} = \frac{1}{3}\ A_n + \frac{1}{2}\ B_n + \frac{1}{2}\ D_n$
- $D_{n+1} = \frac{1}{3}\ A_n + \frac{1}{2}\ B_n$

Schritt 3:
Durch die Anwendung der obigen Formeln kann eine Grenzverteilung ungefähr bei Schritt 11 festgemacht werden (siehe Abbildung 6). Es ändert sich aber die eigentliche Lösung der PageRank-Reihenfolge der einzelnen Seiten nicht mehr (A – C – D – B).

	PR(A)	PR(B)	PR(C)	PR(D)
t=0	1	1	1	1
t=1	1,5	0,33333333	1,33333333	0,83333333
t=2	1,75	0,5	1,08333333	0,66666667
t=3	1,41666667	0,58333333	1,16666667	0,83333333
t=4	1,58333333	0,47222222	1,18055556	0,76388889
t=5	1,5625	0,52777778	1,14583333	0,76388889
t=6	1,52777778	0,52083333	1,16666667	0,78472222
t=7	1,55902778	0,50925926	1,16203704	0,76967593
t=8	1,546875	0,51967593	1,15914352	0,77430556
t=9	1,5462963	0,515625	1,16261574	0,77546296
t=10	1,55034722	0,5154321	1,16097608	0,7732446
t=11	1,54759838	0,51678241	1,16112076	0,77449846

Abbildung 6: Berechnung PageRank des Mini-Internets

Wie in [7] beschrieben, wird dieses iterative Vorgehen auch in der Realität durchgeführt. Auch der Google PageRank-Algorithmus kann für die riesige Dimension des Internets nur näherungsweise, und nicht durch eine geschlossene Formel, gelöst werden.
Das bisherige Modell ist, mathematisch gesehen, noch nicht eindeutig. Sobald das Mini-Internet aus zwei unabhängigen Teilnetzen besteht, gibt es keine eindeutige Lösung, näheres siehe ([6], S. 237).

3   Intuitive Verfeinerung des Modells

Das bisherige Modell liefert eine gut verständliche Methode, um eine Rangfolge von Webseiten zu erstellen. Leider gibt es jedoch nicht immer eine eindeutige Lösung (Eigenwertgleichungen sind insbesondere bei getrennten Teilnetzen oder hängenden Knoten nicht lösbar). Daher ist es notwendig, das bisherige Modell zu ändern bzw. zu verfeinern. Die Basis des Modells ist immer noch die Linkstruktur des Internets, der mathematische Ansatz wird jedoch ausgetauscht. Dieser mathematische Ansatz basiert nun auf Markov-Ketten, wobei die nun zugrundeliegende Mathematik speziell für die Sekundarstufe 1 nicht greifbar ist. Daher wird auch von einer intuitiven Verfeinerung des Modells gesprochen. Übrigens haben auch Brin und Page in [2], Kapitel 2.1.2, die Begründung ihrer PageRank-Berechnung als „intuitiv" tituliert.

Im Folgenden wird gezeigt, wie die zugrundeliegende Denkweise bei Markov-Ketten erklärt werden kann. Es geht dabei um Wahrscheinlichkeiten, mit denen sich ein Internet-Surfer auf einer bestimmten Webseite befindet. Eine mathematisch exakte Ausformulierung des verbesserten Modells ist in [6] ab Seite 238 zu finden.

3.1   Modellbildung mittels Markov-Kette – der Zufalls-Surfer

Das Beispiel aus Abbildung 2 wird nun mittels einer Markov-Kette erklärt. Das Ergebnis wird prinzipiell ident sein, allerdings ist die Erklärungsweise eine andere. Es geht darum, dass sich ein „Random-Walker" zu bestimmten diskreten Zeitschritten mit einer bestimmten Wahrscheinlichkeit auf einer bestimmten Seite befindet.

Der Zufalls-Surfer befindet sich zum Zeitpunkt $t=1$ auf Seite A und damit auch mit einer Wahrscheinlichkeit von 1 auf Seite A ($P_A = 1$). Im nächsten Schritt ($t=2$) befindet er sich jeweils mit einer Wahrscheinlichkeit $P = \frac{1}{3}$ auf den Seiten B, C oder D (3 ausgehende Links von Seite A). Es gibt nun also eine Wahrscheinlichkeitsverteilung, mit der festgestellt werden kann, mit welcher Wahrscheinlichkeit sich der Zufallssurfer zum Zeitpunkt $t=2$ auf welcher Seite befindet. Zum Zeitpunkt $t=3$ werden dann wiederum die Teilwahrscheinlichkeiten entsprechend der ausgehenden Links verteilt:
- Seite B hat 2 ausgehende Links zu C und D, somit wird die Wahrscheinlichkeit von Zeitpunkt $t=2$ jeweils zur Hälfte auf die Seiten C und D aufgeteilt.
- Seite C hat einen ausgehenden Link zu Seite A. Die Wahrscheinlichkeit von Zeitpunkt $t=2$ wird somit zur Gänze auf Seite A übertragen.
- Seite D hat 2 ausgehende Links zu A und C, somit wird die Wahrscheinlichkeit von Zeitpunkt $t=2$ jeweils zur Hälfte auf die Seiten A und C aufgeteilt.

Die Verteilung der Wahrscheinlichkeiten kann damit nun Zeitschritt für Zeitschritt weiter verfolgt werden. Bereits zum Zeitpunkt $t=5$ ergeben sich die Wahrscheinlichkeiten ungefähr wie in Abbildung 6 (die Zahlen von Abbildung 6 müssen durch 4 dividiert werden, da dort mit einer Anfangswahrscheinlichkeit von insgesamt 4 begonnen wurde (skalares Vielfaches)).

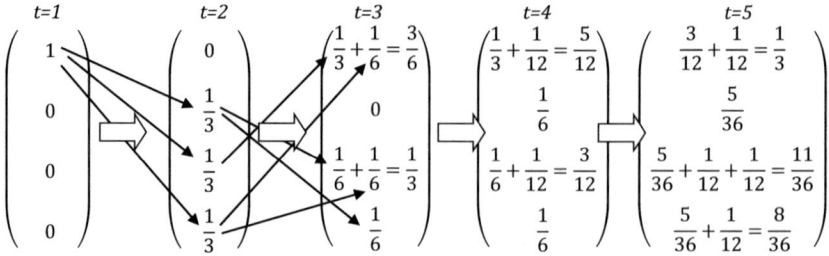

Abbildung 7: Aufenthaltswahrscheinlichkeit des Zufalls-Surfers zu bestimmen Zeitpunkten

Der PageRank ist nun also ein Maß dafür, wie hoch die Wahrscheinlichkeit ist, mit der sich ein Zufallssurfer auf einer bestimmten Seite befindet.

Das Beispiel aus Abbildung 2 ist insgesamt noch eindeutig lösbar. Es muss nur das Gleichungssystem, das der Abbildung 6 zugrunde liegt, gelöst werden.

$$P_B^{t+1} = \frac{1}{3}P_A^t$$

$$P_C^{t+1} = \frac{1}{3}P_A^t + \frac{1}{2}P_B^t + \frac{1}{2}P_D^t$$

$$P_D^{t+1} = \frac{1}{3}P_A^t + \frac{1}{2}P_B^t$$

$$P_A^{t+1} = P_C^t + \frac{1}{2}P_D^t$$

$$\frac{1}{3}P_A = P_B = \frac{4}{9}P_C = \frac{2}{3}P_D$$

Die Wahrscheinlichkeit, mit der sich der Zufalls-Surfer auf den vier Seiten befindet, ist eins, daher:

$$\frac{1}{3}P_A + P_B + \frac{4}{9}P_C + \frac{2}{3}P_D = 1$$

Daraus ergibt sich:

$$P_A = \frac{12}{31}; P_B = \frac{4}{31}; P_C = \frac{9}{31}; P_D = \frac{6}{31}$$

3.2 Der reale Zufalls-Surfer

Beim bisherigen Modell hängt die Wichtigkeit einer Seite ausschließlich von der Linkstruktur des Netzes ab. Die Realität beim Surfen im Internet wird dabei überhaupt nicht beachtet. Ein realer Internet-Surfer bewegt sich in der Regel nicht nur mit Links von Seite zu Seite sondern vollzieht auch regelmäßig sogenannte Teleportationen, also Sprünge auf beliebige Webseiten im Netz (zwischen den beteiligten Seiten gibt es keine Links). Dieser reale Internet-Surfer wurde von Brin und Page als „Random-Surfer" bezeichnet. Bei den Markov-Ketten heißt der Begriff ursprünglich „Random-Walker".

Der Zufalls-Surfer kann also immer alle Webseiten erreichen, und zwar
a) Wenn es auf der Seite, auf der er sich momentan befindet keine ausgehenden Links gibt, so kann er zufällig auf eine beliebige Seite im Internet springen.

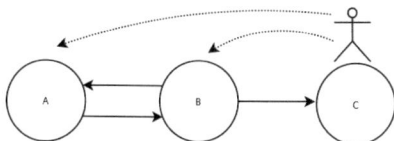

b) Wenn es auf der Seite, auf der er sich momentan befindet, ausgehende Links gibt,
- dann kann er zufällig einen dieser Links benützen
- zufällig auf eine beliebige Seite im Internet springen

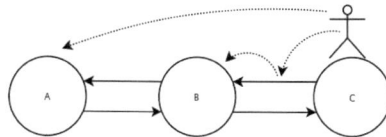

Ein Zufalls-Surfer springt in der Regel von Seite zu Seite, wobei diese Seiten nicht mit Links verbunden sein müssen. Genau diese Überlegung beschreibt das Verhalten eines jeden Surfers. Es ist nun möglich die Formel zur Berechnung des PageRanks (siehe Formel 2.1) zu verfeinern, es ergibt sich somit folgende Berechnungsvorschrift:

$$PR(u) = \frac{1-d}{N} + d \sum_{G_v \in B_v} \frac{PR(v)}{G_v^+}$$

Formel 3.1

Der Parameter d wird als Dämpfungsfaktor bezeichnet und steht für die zufälligen Sprünge des Zufalls-Surfers auf irgendeine Seite, obwohl ein ausgehender Link auf der momentanen Seite vorhanden wäre. Der Wertebereich für d liegt zwischen null und eins. Je niedriger d ist, desto wahrscheinlicher ist es, dass der Zufalls-Surfer keine Links beim Wechsel zwischen Seiten verfolgt. Brin und Page nahmen in [2] für d den Wert $d=0,85$ an. Das würde bedeuten, dass ein zufälliger Surfer nach ca. jeder sechsten Seite eine sog. Teleportation durchführt.

Der Wert *(1-d)* gibt die Wahrscheinlichkeit an, mit der ein Surfer auf eine beliebige Seite springt, ohne dabei einen Link zu verwenden. Diese Wahrscheinlichkeit geht als Konstante in der Berechnung des PageRanks jeder Seite ein.

Die gesamte Berechnungsvorschrift bildet eine Wahrscheinlichkeitsverteilung ab. Die Summe aller PageRank-Werte ergibt 1, daher muss auch der Faktor *(1-d)* durch *N* (Gesamtanzahl aller Webseiten) dividiert werden.

Es muss abschließend noch erwähnt werden, dass man bei der Lösung mittels Markov-Ketten, immer gegen eine stationäre Grenzverteilung streben will. D.h.: Unabhängig von der Anfangsverteilung (in Abbildung 7 startete der Zufallssurfer von Seite A, dies kann jedoch beliebig gewählt werden) ergibt sich bei jedem Zustand eine Wahrscheinlichkeitsverteilung mit der Summe gleich 1. Schlussendlich führt das iterative Verfahren dann zu Konvergenz (die Wahrscheinlichkeitsverteilung ändert sich nicht mehr).

3.3 Ein einfaches Beispiel?

Gegeben sei folgendes Mini-Internet aus drei Seiten:

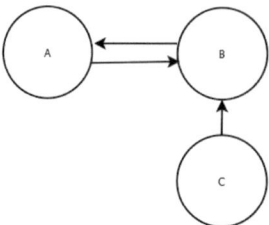

Abbildung 10: Mini-Internet bestehend aus 3 Seiten

Berechnet man die PageRanks dieser Seiten ohne Teleportationen (Formel 2.1), so ist keine eindeutige Lösung gegeben. Der PageRank der Seite C wird null und die Werte von A und D streben gegen keinen stabilen Zustand, sondern springen periodisch.
Werden die PageRanks mit den Teleportationen (Formel 3.1) errechnet, so ergibt sich nach einigen Schritten ein stabiler Zustand.

Ebenso (vermeintlich) einfach erscheint das Beispiel, wenn der Link zwischen den Seiten B und C umgedreht wird, siehe Abbildung 11. Bei der Seite C handelt es sich nun um einen sog. hängenden Knoten (Dangling Link). Dies könnte beispielsweise ein PDF-Dokument sein, auf welches nur referenziert wird.

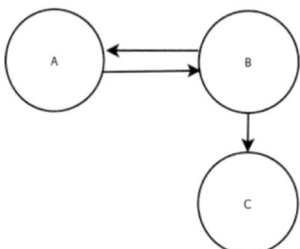

Abbildung 11: Dangling Link

Das Problem bei Dangling Links ist, dass es keinen ausgehenden Link gibt. Bei der Berechnung des PageRanks bemerkt man, dass der PageRank gewissermaßen versickert. In [11] wird das Problem bereits beschrieben und dahingehend gelöst, dass vor der PageRank-Berechnung alle Dangling Links entfernt werden. Es gibt jedoch eine Reihe weiterer Lösungsansätze, siehe beispielsweise [9].

4   Wie verläuft eine Anfrage bei Google

Nach den Erklärungen, wie Webseiten aufgrund ihrer Verlinkungen gereiht werden können, folgt nun die konkrete Antwort auf die Frage aus Kapitel 1 . Der Vorteil des in Kapitel 2 und 3 vorgestellten Verfahrens, ist die Möglichkeit der Vorberechnung ohne konkrete Benutzeranfrage. Google führt also, unabhängig von aktuellen Anfragen, ständig Neuberechnungen des PageRanks im Hintergrund durch. In der Vergangenheit (bis 2013) wurde der PageRank einer Seite noch in der

Google-Toolbar angezeigt, seither nicht mehr. Aktualisierungen des PageRanks gab es unregelmäßig (ca. 4 mal pro Jahr) [12].

Das vorberechnete Ranking ist prinzipiell contentunabhängig. Bei einer tatsächlichen Suchanfrage werden dann nur noch Seiten mit den eingegebenen Suchworten (anfrageabhängige Faktoren) im Index gesucht. Die daraus resultierende Teilmenge aller Webseiten wird dann mit dem entsprechenden Ranking dieser Seiten kombiniert und schließlich ausgegeben.

Um auf das eingangs erwähnte Beispiel zurückzukommen:
Unzählige Seiten beschäftigen sich mit dem Popstar Michael Jackson. Viele dieser Seiten beschäftigen sich auf eine gewisse Art qualitativ hochwertig mit dem Popstar Michael Jackson und werden daher auch über eine entsprechende Anzahl von eingehenden Links verfügen, die von verschiedensten anderen Webseiten kommen. Bereits aufgrund der hohen Anzahl von Verlinkungen werden diese Webseiten in der Vorberechnung von Google einen höheren PageRank erhalten als Webseiten von beliebigen Jacksons. Kommt es dann zur eigentlichen Anfrage (ein Benutzer gibt die Wörter „Michael Jackson" in der Google-Suchmaschine ein), so werden zunächst alle Seiten herausgesucht, in denen Michael Jackson vorkommt und dann aufgrund des hinterlegten PageRanks der Reihenfolge nach aufgelistet.

5 Abschließende Betrachtungen

Nach wie vor stellt die Nutzung von Suchmaschinen mit fast 94% (in Deutschland, Stand Juni 2016) [1] die erste Anlaufstation zum Einholen von Informationen dar. Die Suchmaschine Google hat dabei seit Jahren eine marktbeherrschende Stellung. Weltweit nützen fast 92% der Nutzer [10] des Internets die Schnelligkeit und die hohe Qualität der Antworten. Wie es zu diesen Resultaten kommt, ist aber wohl den allermeisten Usern unbekannt. Die Suchmaschine Google ist somit eine Black-Box, in welche die Nutzer etwas Eingeben und anschließend ein mehr oder weniger nachvollziehbares Resultat erhalten. Dieser Artikel soll nun dazu beitragen, die Funktionsweise der Black-Box Google zu erklären und das auf einem möglichst einfachen und angepassten mathematischen Niveau für Schüler der Sekundarstufe 1 und 2.

Literaturverzeichnis

[1] AGOF - Arbeitsgemeinschaft Online Forschung e.V., Internet https://www.agof.de/download/Downloads_digital_facts/Downloads_Digital_Facts_2016/Downloads_Digital_Facts_2016-06/06-2016_df_Grafiken_digital%20facts%202016-06.pdf?x12921, Juni 2016, zuletzt besucht: November 2016.

[2] Sergey Brin, Lawrence Page, "The anatomy of a large-scale hypertextual Web search engine", *Computer Networks and ISDN Systems 30*, pp. 107 – 117, 1998.

[3] Kurt Bryan, Tanja Leise, "The $25,000,000,000 Eigenvector: The Linear Algebra behind Google", *SIAM Review*, vol. 48, no. 3, pp. 569-581, 2006.

[4] 411.info Corporation, www.411.info, Internet https://411.info/people/?fn=&ln=Jackson&cz=, zuletzt besucht: November 2016.

[5] Rachid Guerraoui, Inside Google: Page Rank, Internet http://wandida.com/en/archives/453, zuletzt besucht: November 2016.

[6] Frank Haußer, Yury Luchko, "*Mathematische Modellierung mit MATLAB : Eine praxisorientierte Einführung*". Heidelberg, Spektrum Akademischer Verlag, 2011.

[7] Hans Humenberger, "Das Google PageRank System: Mit Markov-Ketten und linearen Gleichungssystemen Ranglisten erstellen", *Mathematik lehren*, no. 154, pp. 58 - 63, 2009.

[8] Hans Humenberger, "How does Google come to a ranked list? - Making visible the mathematics of modern society", *Teaching Mathematics and Its Applications*, vol. 30, pp. 107-119, 2011.

[9] Ilse C. F. Ipsen, Theresa Selee, "PageRank Computation, with Spezial Attention to Dangling Nodes", *SIAM Journal on Matrix Analysis and Applications*, vol. 29, no. 4, pp. 1281-1296, 2007.

[10] Jan Jacobsen, www.lunapark.de – Online Marketing Agentur, Internet https://www.luna-park.de/blog/9907-suchmaschinen-marktanteile-weltweit-2014/, zuletzt besucht: November 2016.

[11] Lawrence Page, Sergej Brin, Rajeew Motwani, Terry Winograd, "The PageRank Citation Ranking: Bringing Order to the web", Standford InfoLab, 1999.

[12] Barry Schwartz, „Google's Gary Illyes: Yes, PageRank Still Matters", Internet https://www.seroundtable.com/google-yes-pagerank-still-matters-22469.html, August 2016, zuletzt besucht: November 2016.